SCAN
for
Animated Audio eBook,
Vocabulary Cards,
Comprehension Questions,
Coloring Pages,
and more

DEAR PARENTS AND TEACHERS,

Congratulations on encouraging your children and students to become bilingual and bilingually literate!

It is a decision that will pay dividends to your child or student for many years to come! Research has shown that it is easier for children who learn a language before the age of 6 to adopt a native accent. Research also shows that bilingual children have increased cognitive capacities.

The goal of Young and Bilingual™ is to accompany you and your children or students through the wonderful journey of becoming fully bilingual at a young age. The illustrations in each book are beautiful and colorful. Each book includes vocabulary words, a list of sight words used in the book, and phonic tips.

We have defined five different levels for our book series:

Nursery Rhymes
Sing along all time favorite traditional Haitian songs with your child!

Preschool-Kindergarten
Interactive reading, ideal for toddlers, who are discovering the world

Preschool to Grade 1
Simple sentences ideal for pre-readers, who start learning how to read (under 150 words)

Kindergarten to Grade 1
Short story ideal for beginner autonomous readers (under 300 words)

Kindergarten to Grade 2
Short story, which includes life lessons and cultural discoveries (under 600 words)

Young and Bilingual™ offers FREE supporting bilingual material on its website www.lapetitepetra.com to assist you and your children and students on this great journey of bilingualism. We welcome your feedback to improve continuously. Stay in touch with us, and, most importantly, enjoy the journey!

PARAN AK PWOFESÈ,

Konpliman dèske nou ankouraje pitit nou pou yo konn pale plizyè lang !

Se yon desizyon ki pral bay bon rannman pou tout lavi ti moun yo ! Rechèch montre ke, si yon ti moun aprann yon lang anvan li gen 6 an, l ap pi fasil pou l rive pale lang lan kòm si li se yon natif natal. Epi tou, rechèch montre ke ti moun ki bileng gen plis jèvrin nan kapasite yo kòm aprenan.

Objektif nou nan konpayi Young and Bilingual™, se pou nou akonpaye ou ak pitit ou yo oswa elèv ou yo, pou yo vin bileng byen bonè nan anfans yo. Ilistrasyon yo bèl, epi tou yo gen anpil koulè. Chak liv gen mo vokabilè ladan yo, lis mo outi ki sèvi nan liv la, ak esplikasyon pou pwononsyasyon plizyè son ki nan liv la.

Nou defini senk diferan nivo pou liv nou yo :

ⓞ Chanson Ti moun
Chante ansanm ak pitit ou chante tradisyonèl ou te pi renmen lè ou te piti !

① Preskolè- jaden d anfan
Lekti entèraktif, ideyal pou ti moun piti k ap dekouvri monn lan

② Lekòl matènèl – premye ane fondamantal
Fraz ki senp, ki fèt pou ti moun ki pa ko konn li oswa k ap aprann li (mwens pase 150 mo)

③ Jaden d anfan rive nan premye ane fondamantal
Istwa ki fèt pou ti moun ki fenk aprann li pou kont yo (mwens pase 300 mo)

④ Jaden d anfan rive dezyèm ane fondamantal
Istwa ki kout e ki prezante leson lavi ak dekouvèt kiltirèl (mwens pase 600 mo)

Young and Bilingual™ ofri materyèl bileng GRATIS sou sit entènèt li a www.lapetitepetra.com pou ede ou ak pitit ou yo ak elèv ou yo vin bileng. Nou akeyi fidbak ou pou nou kontinye amelyore liv ak pwogram nou yo. Rete an kontak avèk nou, epi n espere tout ti moun yo ava pwofite !

DEDICATION

This book is dedicated to children all over the world who are empowered through multilingualism.

SPECIAL THANKS

To my children and family, for their support in all aspects of this project. To my team and all the angels who were sent to me: I am truly grateful for your contributions and feedback.

To Oksana Vynokurova, a beautiful soul, whose beauty and heart are expressed through her illustrations that made all the difference in our books.

DEDIKAS

Liv sa a se pou tout ti moun tou patou. N espere y ap jwenn plis opòtinite lè yo pale plizyè lang.

REMÈSIMAN ESPESYAL

Pou pitit mwen ak fanmi mwen pou tout sipò yo ban mwen pou pwojè sa a. Pou ekip mwen ak tout zanj ki te ede m yo. Mèsi anpil pou kontribisyon nou. Pou Oksana Vynokurova, yon moun espesyal : nou ka wè bote fanm sa a nan bèl ilistrasyon li fè pou liv nou yo.

Identifiers: ISBN 978-1-949368-97-0 (hardcover) | ISBN 978-19493-68-42-0 (softcover)

First Publication: February 2021
XPONENTIAL LEARNING INC
Copyright © 2021 Krystel Armand Kanzki

All rights reserved. No part of this publication may be reproduced, distributed, or transmitted in any form or by any means, including photocopying, recording, or other electronic or mechanical methods, without the prior written permission of the publisher, except in the case of brief quotations embodied in critical reviews and certain other noncommercial uses permitted by copyright law.

Colors

Krystel Armand Kanzki
Illustrated by Oksana Vynokurova

Ble, tankou machin sa a.

Blue, like this car.

Ki koulè parapli Polo a ?

What color is Polo's umbrella?

Wouj !

Red!

Wouj, tankou pòm sa a.

Red, like this apple.

Ki koulè jip Lili a ?

What color is Lili's skirt?

Jòn !

Yellow!

Jòn, tankou yon fig.

Yellow, like a banana.

Ki koulè linèt Dani a ?

What color are Dani's glasses?

Vyolèt !

Purple!

Vyolèt, tankou bisiklèt sa a.

Purple, like this bicycle.

Ki koulè rad Petra a ?

What color is Petra's dress?

Wòz !

Pink!

Wòz, tankou flè sa a.

Pink, like this flower.

Ki koulè bando Lili a ?

What color is Lili's hair band?

Vèt !

Green!

Vèt, tankou fèy pyebwa.

Green, like tree leaves.

Ki koulè sak lekòl Polo a ?

What color is Polo's school bag?

Jòn abriko !

Orange!

Jòn abriko, tankou papiyon sa a.

Orange, like this butterfly.

Ki koulè poupe Petra a ?
What color is Petra's doll?

Mawon !
Brown!

Mawon, tankou chèz sa a.

Brown, like this chair.

Ki koulè soulye Dani a ?

What color are Dani's shoes?

Nwa !

Black!

Nwa, tankou òdinatè sa a.

Black, like this computer.

Ki koulè chat Lili a ?

What color is Lili's cat?

Blan !

White!

Blan, tankou pòt sa a.

White, like this door.

Èske ou wè chapo ble Petra a ?

Can you find Petra's blue hat?

Kote parapli wouj Polo a ?

Which one is Polo's red umbrella?

Ede Lili chèche jip jòn li a !

Please help Lili find her yellow skirt!

Èske ou wè linèt vyolèt Dani a ?

Can you find Dani's purple glasses?

Jodi a, Petra vle mete rad wòz li a !

Today, Petra wants to wear her pink dress!

Kote bando vèt lili a ?

> Where is Lili's green hair band?

Polo ap chèche valiz lekòl jòn abriko li a.

Polo is looking for his orange school bag.

Èske ou ka chèche poupe mawon Petra a ?

> Can you find Petra's brown doll?

Kote soulye nwa Dani a ?

> Where are Dani's black shoes?

Ede Lili chèche chat blan l lan.

Help Lili find her white cat.

N a wè byento !

See you soon!

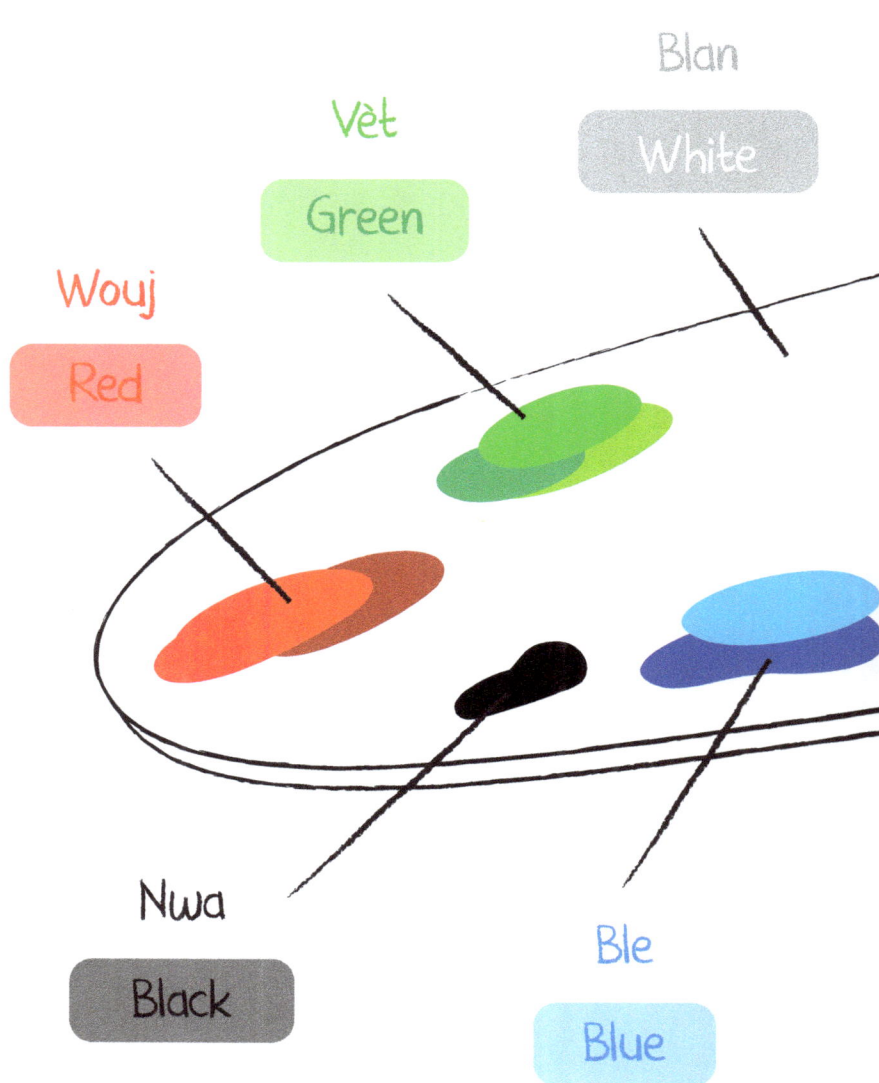

KOULÈ
COLORS

Vyolèt — Purple

Mawon — Brown

Jòn — Yellow

Jòn abriko — Orange

Wòz — Pink

VOKABILÈ BILENG OU
YOUR BILINGUAL VOCABULARY

chapo

hat

parapli

umbrella

jip

skirt

linèt

glasses

rad

dress

bando

hairband

sak lekòl

school bag

poupe

doll

soulye

shoes

machin
car

pòm
apple

fig
banana

bisiklèt
bicycle

flè
flower

papiyon
butterfly

chèz
chair

pòt
door

òdinatè
computer

chat
cat

koulè
colors

Check out our comprehension questions in the free resources section on our website!

HAITI DISCOVERY SERIES

In this series, Petra and Lili discover their country, Haiti, and its rich culture. You will find level 1, 2, 3, 4 and Nursery Rhyme books to suit the needs of your child or students! Let us know what other parts of Haiti or the Haitian culture you would like Petra and Lili to explore!

SERI DEKOUVÈT AYITI

Nan seri sa a, Petra ak Lili dekouvri peyi yo, Ayiti, ak kilti ayisyen ki rich anpil. W ap jwenn liv nivo 1, 2, 3, 4 ak Chanson Ti moun pou adapte ak bezwen pitit ou a oswa elèv ou yo ! Fè nou konnen ki lòt pati peyi d Ayiti oswa kilti ayisyen ou ta renmen Petra ak Lili eksplore !

N ap jwenn kesyon konpreyensyon pou istwa a nan resous gratis sou sit entènèt nou!

Our bilingual book series also includes books in Spanish-English, French-English, and Creole-English and some of our books are available in Audiobooks to accompany our young readers! Visit our website
www.lapetitepetra.com
to view all our titles today!
If your loved ones or students benefited from reading this book, please leave us a review on the platform where you purchased the book and help us spread the joy!

Koleksyon liv bileng nou enkli liv an espanyòl-anglè ak liv an fransè-anglè e pliziè liv disponib an fòma audio pou akonpanye ti lektè nou yo !
Vizite sit wèb nou an
www.lapetitepetra.com
pou wè tout tit nan kolèksyon nou an.
Si pitit ou oswa elèv ou benefisye dèske yo te li liv sa a, ekri yon revizyon de liv la sou platfòm kote ou te achte li, e ede nou pataje lajwa !

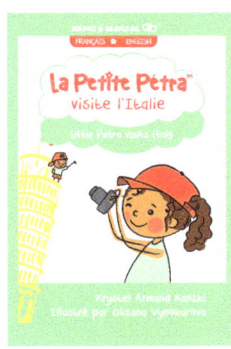

www.ingramcontent.com/pod-product-compliance
Lightning Source LLC
Chambersburg PA
CBHW041132110526
44592CB00020B/2782